Kinesiología Práctica

Prueba Muscular
Guía Básica

Dra. Johanna Behrens

Número de Control de la Biblioteca del Congreso de EE. UU.:		2012902741
ISBN:	Tapa Dura	978-1-4633-2102-4
	Tapa Blanda	978-1-4633-2101-7
	Libro Electrónico	978-1-4633-2084-3

Para pedidos de copias adicionales de este libro, por favor contacte con:
Palibrio
1663 Liberty Drive
Suite 200
Bloomington, IN 47403
Llamadas desde los EE.UU. 877.407.5847
Llamadas internacionales +1.812.671.9757
Fax: +1.812.355.1576
ventas@palibrio.com
389014

Dedicatoria

Este libro es dedicado a todos mis estudiantes de energía Universal, tiene la oportunidad de ofrecernos un leve panorama para comenzar a entender cómo trabaja nuestro cuerpo y sus energías además de reconocerlas a través de la prueba muscular de una manera sencilla, en próximas publicaciones nos extenderemos en más técnicas de la kinesiología y sus aportes médicos.

Dra. Johanna Behrens.

Agradecimientos

Como siempre cada proyecto comienza con un sueño y la ayuda de muchos colaboradores que saben como la energía puede ayudar en su vida y además creen en mi y la fuerza que me impulsa a llevar al público una forma sencilla de reconocimiento energético, por esto estoy muy agradecida con mis padres Johanna Losada y Cesar Behrens y su esposa Lupe Uzcátegui, mis amadas y hermosas hijas: Jessica Llamozas, Érica Llamozas y Christin Mujica; mi esposo Lázaro Arencibia que con su paciencia y amor me ayudó mucho a elaborar las ideas además de ofrecerme su valioso tiempo.

Mil gracias a mi hermana: Jocelyn Behrens Blackwood, mi gran apoyo. A Linda Álvarez, Fabrizia Barela quienes me ayudaron con la transcripción, a mi gran amigo de infancia Félix León y su hija Susana Carolina, a quien puedo llamar el ángel de la guarda en esta ocasión, pues llevo de la mano la realización de mi sueño, con su dedicación, perseverancia y muchísima paciencia para que todos los lectores y colegas disfrutaran de esta realidad. Felix fue el constructor material y visual de esta ahora realidad.

Y no podría dejar de mencionar la ayuda más importante de mi vida: Dios todo poderoso y su arcángel Miguel que potencian mi vida día a día y me regala las bendiciones para vivir una vida plena en excelencia como lo he decidido. También ofrezco un agradecimiento pleno y amoroso a todos mis pacientes y a mis estudiantes que me sirvieron de inspiración y apoyo para que este pequeño libro, pero grande en dedicación, fuera ya un hecho.

Mis bendiciones a todos los lectores por que participan en mi sueño y también son parte de la realización del mismo.

Dra. Johanna Behrens.·

Prologo

Con este libro de versión pequeña y practica he querido llevar de forma sencilla la exanimación y diagnostico por Kinesiología de una manera activa para que los lectores puedan trabajar sus energías , su mente y su cuerpo, activarlas, revisarlas y conocerlas, Con amor espero que este libro contribuya al desarrollo de muchos estudiantes de bioenergía y espero que sea un canal de desarrollo en la búsqueda del conocimiento de la energía, espero que como todos los buscadores puedan establecer contacto con su cuerpo y mente para que establezcan el balance deseado y puedan compartir esta ayuda a otras personas que están en el mismo camino de búsqueda.

KINESIOLOGIA PRACTICA Y PRUEBA MUSCULAR

Las pruebas musculares son una forma de determinar si estamos neutrales bien sea con alguna sustancia, pensamiento o persona en particular en nuestro ambiente. Es también un método de determinar si algo está teniendo un efecto negativo en nosotros para así ayudarnos a determinar las cosas que debemos evitar si es posible y mantenernos en balance.

La física Quántica ha probado que todo es energía

Esta física ha validado la creencia de que todo, desde la materia densa (como rocas y madera) hasta el cuerpo humano, la mente y hasta los pensamientos y emociones están hechos de energía y emiten un campo de energía. Este campo de energía está en constante interacción, convergiendo y afectando cada uno de nosotros en diferentes niveles. Lo cual significa que estamos siempre afectados en algún nivel por todas las cosas que están a nuestro alrededor.

EEG's (Electroencefalograma) registra las ondas del cerebro como energía. Los estudios de EEG han demostrado que los campos de energía eléctrica del cerebro pueden extenderse hasta 3 pies afuera de la cabeza

EKG's (Electrocardiograma) registra la actividad eléctrica del corazón. Estudios en el Instituto HeartMath han indicado que la energía total del corazón puede extenderse hasta 15 pies fuera del cuerpo.

Polygraph (detector de mentiras) las pruebas registran cambio en la frecuencia cardiaca, temperatura, respuestas de la piel y otras medidas psicológicas en relación a cambios en pensamientos y sentimientos.

Las fotografías Kirlian son una técnica especial que mide el campo de energía alrededor de objetos animados o inanimados, plantas vivas, el cuerpo de unas persona etc.

El trabajo del DR. Masaru Emoto muestra los efectos dramáticos que los pensamientos, sentimientos, emociones, músicas y oraciones pueden tener sobre la estructura energética y cristalina del agua. Lo cual demuestra claramente en su primer libro Mensaje del agua y los subsiguientes.

En efecto nuestra conciencia es energía, esto ha sido bien documentado en literatura científica, documentales como What the Bleep do we know y el libro de Dr. David Hawkin Poder Vs Fuerza.

La Física quántica ha probado ahora que todo es energía, lo creas o no. Las cosas solidas que nuestros cuerpos y el mundo físico aparentan estar hechas es meramente protones, neutrones y electrones unidos por una misteriosa fuerza magnética. En química aparecen como vinculados, pero estudios recientes señalan que no son nada más que partículas extremadamente pequeñas que están unidas por un campo electromagnético de energía.

Estudios sobre el cáncer han determinado que un fuerte campo electromagnético tiene un efecto en las células del cuerpo. Las personas que viven en lugares cerca de torres y altas líneas de energía eléctrica tienen un alto incremento en los índices de cáncer como las personas que pasan un largo tiempo con el teléfono celular junto a sus cabezas.

El calor, el frio o el viento no se pueden ver, pero son factores ambientales en los cuales se pueden sentir los efectos y son energía.

Aunque no podamos ver las señales del teléfono celular o las ondas de radio, están constantemente a nuestro alrededor y están teniendo un efecto en nosotros cuyo grado va a depender de la fuente y lo cercano que estemos.

El sonido y la luz son solo una porción del campo electro-magnético del espectro y afectan profundamente la salud y el bienestar de las personas, animales y plantas.

El efecto de la gravedad cuando hay luna llena causa cambio

en las olas del océano y sutiles variaciones en la bioquímica cerebral que afectan el comportamiento humano.

La gravedad es uno de los ejemplos más obvios de cómo somos afectados por un campo de energía en nuestro medio ambiente.

El medio ambiente está constantemente afectándonos, muchas veces cuando estamos cerca de personas positivas o negativas, música relajante o heavy metal, ver películas felices o películas deprimentes y otras veces es menos perceptible como lo que se siente en una casa u oficina sucia y desordenada o en un lugar limpio y ordenado y otras veces no es obvio en lo absoluto como las joyas que se utilizan o las fotos que se tienen en las paredes.

Cualquier cosa puede afectarnos de un modo negativo sin siquiera ser consciente de ello y la lista es infinita así como las cosas que están en el medio ambiente. Muchas cosas están siendo creadas con sintéticos y químicos y generalmente debilitan nuestro sistema.

PARA OBTENER RESULTADOS MÁS PRECISOS

Muchas personas realizan las pruebas musculares de forma incorrecta y solo asumen que están en lo correcto, esto crea mucho más problemas, ya que los cursos de acción están basados en resultados erróneos. Por lo cual podemos decir que la realización de las pruebas musculares son fáciles de hacer pero no es fácil hacer un diagnostico correcto.

TOMANDO MEJORES DECISIONES PARA LA REALIZACIÓN DE LAS PRUEBAS MUSCULARES

Como primer paso debemos tomar conciencia.
Con las pruebas musculares uno se vuelve físicamente mas consiente al ver y sentir como ciertas cosas de nuestro medio ambiente nos debilitan. Muchos de nosotros somos de los que

necesitamos ver para entender, por lo cual cuando se ve y se siente un efecto inmediato es más fácil seleccionar diferentes opciones, creando así un estilo de vida más saludable.

Por ejemplo La Postura:

Clínicamente se ha visto que cuando las personas entienden por observar y sentir como la mala postura los debilita, prestan más atención y hacen lo que sea necesario para empezar a mejorar su postura.

La prueba muscular es una herramienta que te ayuda a discernir que es neutral y que te está debilitando en tu medio ambiente.

HISTORIA Y DEFINICIÓN DE LA PRUEBA MUSCULAR Y KINESIOLOGÍA

Kinesiología es el estudio científico de los movimientos humanos que viene de la época de Aristóteles en la Grecia antigua. Es una ciencia extensa que tiene diferentes aplicaciones en deporte, rehabilitación, ergonomía entre otras.

Las pruebas musculares funcionales fueron desarrolladas en 1912 por Robert Lovett MD de la escuela de medicina de Harvard para evaluar los daños neurológicos en los pacientes con polio. Luego fue investigado y utilizado en 1922 por Dr. Charles Lowman para evaluar y tratar pacientes espásticos, siendo el primero en emplear ejercicios bajo agua y terapias acuáticas.

El concepto de "Prueba Muscular" fue más profundamente desarrollada en 1949 con el terapista co Kendall & Kendall. In 1960 Dr. George Goodheart integro elementos de la medicina china y acupuntura, nutrición clínica, trabajo craneal y desarrollo esta técnica en lo que conocemos como Kinesiología Aplicada. En 1970 Dr. John Diamond, investigó e integró los aspectos mentales, emocionales e intelectuales de la salud utilizando las pruebas musculares, conociéndose como Kinesiología del Comportamiento. En el principio de los 80 el quiropráctico Scott

Walker desarrolló La Técnica Neuro-emocional, que integra prueba muscular, neurofisiología, acupuntura, nutrición, NPL y fisiología.

En estos momentos hay más de 80 diferentes formas de terapia en el mundo que utilizan alguna manera de prueba muscular.

LA PRECISIÓN DE LAS PRUEBAS MUSCULARES

Si es realizado por un médico bueno y objetivo se puede obtener un resultado 90% precisos.

Exámenes de sangre, orina, saliva, Rayos X o cualquier otro examen nunca va a ser un 100% preciso, de igual manera muchos pueden ser mejores que el 90%.

Hemos encontrado en nuestra experiencia clínica que las pruebas musculares pueden ser una gran ayuda de primera línea para recopilación de información, evaluación y de toma de decisiones en especial cuando la mente no sabe qué hacer.

La prueba muscular es una evaluación y tratamiento técnico diseñado para ser parte del enfoque holístico para prevención y bienestar del cuidado de la salud.

Cualquier médico que utilice este sistema debe hacerlo acompañado de una apropiada historia médica, exanimación física, exámenes de laboratorio y toma de decisiones clínicas.

Para este curso la prueba muscular se utiliza para establecer si existe congruencias o no con conceptos y los estímulos del medio ambiente.

LO QUE NO ES LA PRUEBA MUSCULAR Y KINESIOLOGÍA

Nunca se debe utilizar como una primera fuente de diagnostico

No se utiliza para diagnosticar cáncer, diabetes, enfermedades

cardiacas, infecciones seria, o cualquier otra enfermedad grave.

No está diseñada para el cuidado de crisis. (ataques cardiacos, huesos rotos, algún objeto incrustado en los ojos etc.)

No se utiliza para predecir el futuro.

Mientras el practicante más se encuentre relacionado emocionalmente a un resultado de una manera u otra hay una mayor posibilidad de que los resultados sean inadecuados.

Si realmente entiendes el arte de la realización de la prueba muscular y se practica con el entendimiento que las respuestas no son 100% correctas, puede fomentar un sentido de humildad, si se practica diligentemente se puede obtener un 90% de precisión.

INSTRUCCIONES BÁSICAS DE LA PRUEBA

Te puedes colocar por delante o por detrás de la persona que estas examinando (algunas personas prefieren estar detrás de la persona ya que se puede ser mas objetivo por no existir contacto con los ojos.

Para empezar pedirle a la persona que mantenga su brazo extendido en posición horizontal. Como paso siguiente tú quieres sentir una prueba muscular fuerte. Gentil pero firme presiona al final del brazo, justo por encima de la muñeca y mantenlo por aproximadamente 3 segundos, estas buscando que el musculo cierre no tratando de dominarlos. La prueba muscular fuerte en cada paciente se siente un poco diferente. Por lo cual se recomienda que se practique con tantas personas como se pueda.

Mas practicas correctas te convierten en un mejor kinesiólogo.

DIFERENTES TIPOS DE RESPUESTAS PARA PRUEBA MUSCULAR

La prueba muscular es básicamente un experimento
Tradicionalmente se cree que el resultado es fuerte versus débil,
de igual manera se puede obtener fuerte, débil o suave.

LA PRUEBA SUAVE, puede significar:

Que estas por el buen camino pero no estás totalmente en lo
cierto. Puede significar que uno de los dos está cambiando.

Hay falta de claridad en la pregunta.

La Prueba muscular es una habilidad psicomotora que
toma practica para realizar correctamente.
Idealmente se va a obtener una respuesta fuerte o débil, se
está buscando un cambio en fuerza, para algunas personas la
respuesta débil puede resultar en su brazo moviéndose solo
unos pocos centímetros y no completamente hasta bajo. Tú
tienes que sentir que es fuerte y débil por cada persona.

Varias Posiciones de Evaluación:

1. Brazo extendido, arriba y al frente.   (imagen 1) Pág. 40

2. Brazo extendido al lado y arriba a 45° grados del cuerpo.
(imagen 2) Pág.40

3. Brazo extendido al lado y arriba a 90° grados del cuerpo.
(imagen 3) Pág.41

PACIENTE TENDIDO SOBRE LA ESPALDA

La evaluación se puede realizar con el paciente acostado sobre
su espalda, usa mucho menos energía del paciente y disminuye
la posibilidad de la fatiga muscular. La posición más fácil es con
el brazo extendido apuntando al techo y el evaluador tira el
brazo hacia abajo en dirección a los pies del paciente.
(imagen 4 y 4a) Pág. 41 y 42

BRAZO ABAJO A 45 GRADOS DEL CUERPO

1. Brazo extendido al frente y abajo a 45° grados del cuerpo. (imagen 5) Pág 42
2. Brazo extendido al lado y abajo a 45 grados del cuerpo. (imagen 6) Pág. 43

3. Brazo extendido entre el frente y al lado abajo a 45° grados del cuerpo.   (imagen 7) Pág.43

Con el brazo hacia abajo a 45° grados el evaluador no tiene que empujar muy fuerte, estas posiciones son buenas para realizarlas en público para ser menos sobresaliente.

MÚSCULOS ALTERNATIVOS PARA LAS PRUEBAS

- ROTADOR INTERNO DEL HOMBRO ESTANDO DE PIE

El codo esta doblado a 90° grados y apoyado en la camilla el evaluador tira de la palma hacia el centro del cuerpo para hacer resistencia, al mismo tiempo que sostiene el codo por el lado y tira de la muñeca hacia el lado de afuera.

- ROTADOR INTERNO DEL HOMBRO ACOSTADO SOBRE LA ESPALDA (imagen 8 y 9) Pág. 44
El paciente tiene su brazo doblado a su lado con el codo a 90° grados, el evaluador sostiene el codo mientras tira el brazo hacia afuera de lado, el paciente debe resistir tirando su mano/brazo hacia el centro de su cuerpo.

- *ABDUCCIÓN DE LAS CADERAS ACOSTADO SOBRE LA ESPALDA* (imagen 10 y 11) Pág. 45
Las caderas y las rodillas dobladas con el pie descansando en la mesa, el piso o la cama. El evaluador empuja la rodilla hacia la línea media y el paciente empuja la rodilla hacia afuera del cuerpo.

SOLUCIÓN DE PROBLEMAS PARA LA IMPRECISIÓN DE PRUEBAS MUSCULARES

Hay muchas cosas que pueden interferir con tener resultados precisos y consistentes, casi cualquier cosa que pueda distraer puede desvirtuar los resultados como también muchas cosas de nuestro inconsciente o nivel energético.
Algunas de estas razones son:

FACTOR AMBIENTAL:

- ILUMINACIÓN:

(La luz fluorescente es la peor) La luz solar y la luz del espectro solar son los mejores. Todavía existen muchas personas que no están consientes de cuan perjudicial es la luz fluorescente, en especial el viejo estilo de los tubos blanco fresco. Estos aun son utilizados en Escuelas, cárceles, casas, tiendas, oficinas etc., desafortunadamente casi en todos lados. Los estudios han demostrado que las luces fluorescentes en personas con padecimientos empeoran las migrañas, aumenta el riesgo de un ataque epiléptico, agrava la condición de la piel fotosensible y no ayuda a la vida vegetal ni animal. Adicionalmente estos tubos contienen mercurio y deben ser manejados con extremo cuidado cuando se rompen.

- INTERFERENCIAS AUDITIVAS:

Música: Aunque al paciente y al evaluador les guste la música que este sonando en el momento, esto puede interferir con la exactitud de los resultados. Algunos tipos de música pueden causar efectos de debilidad y otras pueden crear efectos de fortaleza. De igual forma se prefiere un medio ambiente neutral para la realización de las pruebas, así que ningún tipo de música es mejor.

Aunque algunas personas disfruten del uso de aceites de esencias, lo que puede ser agradable para unas resulta ser desagradable para otras ya que estas esencias son muy potentes.

- *COMODIDAD MOBILIARIA*

El paciente y el examinador deben estar cómodos, por lo cual los muebles o camillas en las cuales ellos se sientan o acuestan deben ser adecuados, de no ser así los resultados no van a ser los adecuados.

EL PACIENTE Y EL EXAMINADOR NECESITAN MANTENER LA EVALUACIÓN NEUTRAL, IMPERSONAL Y SIN OPINIONES

Abstenerse de sonreír o hacer comentarios personales, Los resultados tienden a ser menos exactos si existe un apego emocional o carga alrededor de la persona que está siendo evaluada.

El resultado va ha ser inexacto si uno o los dos están usando la evaluación para tratar de justificar una creencia.

Tenga cuidado con las proyecciones, una proyección es ver algo en la otra persona que es nuestro propio problema o punto de vista. Como por ejemplo puedes pensar que la persona está teniendo problemas con su madre, cuando en realidad este es su propio problema con su madre.

PROBLEMAS EMOCIONALES O MOLESTIAS CON EL PACIENTE O EXAMINADOR

Si bien el paciente o el examinador experimentan algún tipo de disgusto por cualquier razón como noticias inquietantes, llamadas telefónicas, emails, tener que lidiar con personas difíciles, etc. lo más probable es que los resultados no sean adecuados.

Usualmente a los miembros de la familia no les gusta ser

conejillos de india y en especial si ellos piensas que está tratando de arreglarlos de alguna manera, los dos participantes deben estar dispuestos a hacer su papel. Posiblemente pueda conseguir más participantes dispuestos si les hace saber que está aprendiendo algo nuevo y le gustaría tener a alguien con quien pueda practicar.

- *DEMASIADO CONTACTO VISUAL*

Para mejora la concentración pídale al paciente que cierre los ojos.

- *MANTENGA LA CABEZA DEL PACIENTE MIRANDO HACIA ADELANTE*

Si ellos mueven la cabeza a un lado u otro se pueden alterar los resultados de la evaluación.

LOS PROBLEMAS DE CONFIANZA DEL EXAMINADOR PUEDEN DISMINUIR LA FIABILIDAD DE LOS RESULTADOS

Exceso de Confianza: o arrogancia, pueden crear inexactitud, ya que al existir estas características en el examinador usualmente es porque tienen problemas y son de opiniones fuertes y también es una muestra de ignorancia de los diferentes factores que pueden alterar los resultados.

Bajo de Confianza: o dudas, especialmente con alguien que apenas está aprendiendo va a crear una gran cantidad de inexactitud en los resultados.
Recuerda que cuando estés empezando a aprender la evaluación muscular divertirte y no tomarlo muy en serio o si no vas a empezar a dudar de ti mismo.

Ruidos Fuertes: Como maquinarias, etc. pueden ser una distracción que desvié los resultados.

La Voz del Examinador: Algunas personas poseen tonos de voz que pueden distraer y pueden llegar a ser molestos, puede ser también que la voz del examinador consciente o inconscientemente le traiga recuerdos de alguien en su pasado con quien ha tenido problemas.

Animales y Niños: Pueden causar interferencias o distracción si están corriendo alrededor, demandando atención o haciendo ruido.

• INTERFERENCIAS DE VESTUARIO Y JOYAS

Se recomienda remover objetos de metal, tales como marco de lentes, relojes o joyas. Los celulares y los busca persona pueden ocasionar una interferencia energética.

Telas, Cobijas, Sabanas: Las telas artificiales pueden crear un bloqueo de energía y para algunas personas crean un efecto debilitador.

Cobijas y sabanas pueden contaminarse de energía sucia si alguien que ha tenido una fuerte liberación emocional se cubre o se tiende sobe ella. Esto puede causar interferencias con la siguiente persona que las utilice. Es también recomendable lavar las ropas que se han utilizado en la sesión de tratamiento en especial si se ha tenido una liberación emocional fuerte.

• INTERFERENCIAS OLFATIVAS

Muchas personas son muy sensitivas a los olores. Este sentido del olfato fue y sigue siendo nuestro mecanismo básico de sobrevivencia. Cualquier colonia, perfume, esencia de aceite, lociones, comida o malos olores como mohoso, rancio, polvo, basura etc. puede interferir en las respuestas del cuerpo ante la prueba muscular. Los olores del cuerpo humano en algunas culturas son considerados desagradables e interfieren con los resultados.

DESCONECCION, DESORGANIZACIÓN NEUROLOGICA Y POLARIDAD

La desconexión es un estado de confusión o falta de una integración apropiada en el sistema nervioso y en el cuerpo. Los dos hemisferios del cerebro se desincronizan, por lo cual también es llamado desincronización Neurológica o también se puede referir como que la polaridad se desconecta, los resultados de la evaluación son usualmente invertidos y si no se corrige, estos van a ser altamente inexactos.

La desconexión es bastante común ya que es un mecanismo natural de protección/defensa que impide que el cuerpo se agote excesivamente, también es un indicador natural de que descanso, comida, agua o algún cambio en el medio ambiente es necesario, por lo cual si se dan las circunstancias correctas la mente y cuerpo se debe conectar de nuevo.

Sin embargo frecuentemente en nuestra sociedad no le prestamos atención a estas señales y nos empujamos a nosotros mismos mas allá de lo que es básicamente sano. Con una pobre alimentación, no tomando suficiente agua, pobre hábitos de sueño, poco o ningun ejercicio, mucho estrés, exceso de alcohol y medicinas muchas personas desarrollan una baja disposición para ser conectados y pueden incluso convertirse en crónicamente desconectados.

Como Examinar por Desconexión.

Obtenga una línea base de Evaluación muscular, sentado de frente al paciente y con el dedo del medio de la mano izquierda toque el "Punto de Polaridad" que se encuentra ubicado directamente entre las cejas en la línea media del cuerpo y con la otra mano sostener el brazo del paciente por la muñeca con el dedo pulgar y el índice. Reevalúa. Debería ver y sentir un cambio en la fuerza y esto es lo que se llama "Polaridad Normal". (imagen 12) Pag. 46

• *Evaluación muscular débil* (Conectados) Este punto debería sentirse débil (empezando con un musculo fuerte) para indicar que el paciente no está desconectado, lo que indica que su polaridad esta activa.

• *Evaluación muscular Fuerte* (Desconectados) Si este punto se siente fuerte, con el dedo en el punto de polaridad es porque están desconectados y su polaridad está inactiva. Si es así se deben realizar las técnicas que se presentan más adelante para activar la polaridad nuevamente.

AUNQUE SE CORRIJA LA DESCONECCION ESTA PUEDE REGRESAR EN CUALQUIER MOMENTO, POR LO CUAL SE DEBE CHEQUEAR FRECUENTEMENTE Y COREGIRLOS SI ES NECESARIO

Solución de Problemas para la Desconexión

• *Falta de Descanso o calidad de Sueno:* Si alguno de los dos está muy cansado, no se debe realizar la evaluación bajo ninguna circunstancia.

• *Hidratación:* Muchas personas se encuentran deshidratadas, por lo cual se recomienda que el examinador y el paciente tomen un vaso de agua antes de empezar la sesión. Mantengan agua

cerca para tomar durante la sesión si es necesario. Si se toma mucha agua destilada, esta va eliminando los electrolitos y la polaridad a medida que va pasando el tiempo.

• *Bajo Niveles de azúcar:* Asegurarse de que ambos han comido al menos unas horas antes de la evaluación y si no es así, ofrecer algunas frutas, proteínas, vegetales o nueces, pero nunca azúcar, soda, café etc.

• *Estrés:* Hay muchas posibles fuentes de estrés en nuestras vidas, que se pueden dividir en
varias categorías.

Físicas: Que significa que nuestro cuerpo esta estresado, como por mucho ejercicios, inactividad física, no suficiente descanso, demasiado trabajo, mala postura, muebles, sillas con pobre ergonomía, la utilización de malas mecánicas del cuerpo (arrodillarse, sentarse, cargar objetos etc.)

Química: Por estar expuestos a sustancias toxicas en el medio ambiente, alergias o intolerancias a cosas que comemos o bebemos, pobre alimentación, hidratación inadecuada, abuso de alcohol o medicinas, problemas con la medicina recetada, fumar etc.

Mental: Teniendo constantes pensamientos de preocupación.

Emocional: Estar emocionalmente afectado por las preocupaciones que están en nuestra mente, con tendencias a la ansiedad, el miedo, las preocupaciones, las tristezas, la rabia, los celos o cualquier otra emoción negativa.

Espiritual: No ser verdadero a uno mismo. Teniendo preocupación acerca del desarrollo espiritual de uno mismo. Problemas con la conexión hacia uno mismo u otros.

TÉCNICA UTILIZADAS PARA ENFRENTAR EL CAMBIO

A. Cerrarse: Deslizar tus dedos o mano desde el hueso púbico hasta tu labio inferior. No es necesario tocar la piel o la ropa, Trata de sentir la energía. Repetirlo al menos 3 veces. El concepto de los vasos Meridianos de energía suben por el frente del cuerpo, desde el perineo hasta el labio inferior. Se está trazando este meridiano solamente de forma ascendente para energizar. Por el contrario si el meridiano se traza hacia abajo el efecto contrario ocurre, se debilita. (lo realiza el paciente) (imagen 13) Pág.47

B. Sintonizar (Estirar y masajear las orejas): Las orejas son una versión miniatura de todo. (imagenes 14, 15, 15a, 15b) Pág. 48 y 49

el cuerpo en el sistema de acupuntura, por lo cual se puede ayudar a balancear todo el sistema trabajando con ellas.

Agarra las orejas con el índice y pulgar desde la punta y estíralos al mismo tiempo hacia afuera de la cabeza y desenvuelva los pliegues. Trabaje de la misma manera alrededor de toda la oreja desde la parte superior hasta los lóbulos. (lo realiza el paciente) .

C. Balanceo de la corteza cerebral: El examinador coloca una mano sobre la base del cráneo, Con la otra mano suavemente da un golpecito sobre la parte superior de la cabeza, luego con esa misma mano y sin mover la de la base del cráneo, suavemente da un golpecito sobre el medio del esternón cada uno por un ciclo completo de respiración (una respiración dentro y fuera). (imagen 16 y 17) Pág. 50

El examinador sube la mano que está en la base del cráneo a la siguiente posición sobre la cabeza, con la otra mano, suavemente da un golpecito sobre la parte superior de la cabeza y luego sobre el medio del esternón cada uno por un clico completo de respiración, continua este proceso moviendo la mano que esta sobre la cabeza a la frente (así se cubre toda la cabeza, desde

la base del cerebro hasta la frente) Este recorrido usualmente toma 4 o 5 posiciones, repitiendo los mismos movimientos de golpecito con la otra mano durante un ciclo completo de respiración. (imagenes 18, 19, 20, 21, 21a, 21b, 21c y 21d) Pág. 51, 52, 53 y 54

El paciente luego coloca sus manos, con la palma hacia adentro, alrededor de la cabeza sobre las orejas, mientras el examinador da un golpecitos en la parte superior de la cabeza y el medio del esternón. (imagenes 22 y 23) Pág. 55

Recuerde con cada posición nueva de manos dar un golpecito suave sobre la cabeza por un ciclo de respiración completa y luego repetir lo mismo en el centro del esternón.

BALANCEO DE LA CORTEZA CEREBRAL EN UNO MISMO.

1.   Empiece con una mano en la base cerebral y con la otra mano suavemente se da un golpecito sobre la parte superior de la cabeza y luego en medio del esternón cada uno por un ciclo completo de respiración.

2. Subir un poco la mano que se encontraba en la base cerebral y con la otra mano
suavemente se da un golpecito sobre la parte superior de la cabeza y luego en medio del esternón cada uno por un ciclo completo de respiración

3. Subir la mano a la parte superior de la cabeza y con la otra mano suavemente se da un golpecito sobre la parte superior de la cabeza y luego en medio del esternón cada uno por un ciclo completo de respiración

4. Colocar la mano en la frente y con la otra mano suavemente se da un golpecito sobre la parte superior de la cabeza y luego en medio del esternón cada uno por un ciclo completo de

respiración

5. Coloca una mano, con la palma hacia adentro, alrededor de la cabeza sobre las orejas y con la otra da un golpecitos en la parte superior de la cabeza y el medio del esternón.

6. Repetir el paso anterior pero cambiando de manos.

Conectar (Solución rápida de los 5 dedos) En dos partes

Parte Uno: Centrar la palma sobre Naval, frotar el punto 27 del riñón (coloque sus manos de lado directamente por debajo del final de la clavícula y suavemente mueva ½ pulgada hacia afuera), cambie de manos y repita.(imagenes 23a, 24 y 24a) Pág. 56 y 57

Parte Dos: Centre la palma sobre naval, con la otra mano abriendo los dedos índice y medio en forma de V frote por encima del labio superior y por debajo del labio inferior, cambie d emano y repita.(estos ejercicios ayudan a integrar los dos lados del cerebro. (imagenes 25 y 26) Pág. 58

Movimientos cruzados:

Tres Diferentes posiciones:
(realizarlo al menos 10 veces cada lado)

1. Parado, y con el codo hacia el frente tocarse la rodilla del lado opuesto, cambiar y repetir de lado a lado. (imagenes 27 y 28) Pág. 59

2. En la posición anterior, con la mano derecha estirar hacia afuera al mismo tiempo que el pie opuesto se estira hacia afuera, cambiar y repetir de lado a lado. (imagenes 29 y 30) Pág. 60

3. Parado, con la mano por el lado de atrás tocar el pie opuesto. Cambiar y repetir de lado a lado.(este es uno de los movimientos más difíciles) (imagenes 31 y 32) Pág. 61

Liberación del Estrés Emocional:

Los receptores emocionales neurovasculares también son llamados "Puntos Emocionales", están localizados en el centro de la frente, exactamente encima de los ojos, a mitad de camino entre las cejas y la línea del cabello (si aun posee una)

Puntos de Liberación del Estrés Emocional: Mientras se piensa en las cosas estresantes, sujeta estos puntos por aproximadamente 30 segundos o hasta que el problema pierda su carga o hasta que te sientas más calmada. A veces puede ser necesario que sujetes estos puntos por hasta 5 minutos. Si lo deseas puedes descansar tus manos sobre la mesa o las rodillas. También es bueno realizarlo en la ducha.

Solución de Problemas para la Desconexión: Seguir todas las recomendaciones de la mejor manera posible, chequear la lista de verificación y mantenga la lista de las técnicas de desconexión a mano

Primera Práctica de La Evaluación Muscular

- Posición del paciente y del evaluador: Elegir en qué posición se va a comenzar.

- Chequear las cosas que se deben y no se deben hacer.

- Establecer como se siente una fuerte evaluación muscular en esa persona

- El "baile" es diferente con cada persona

- Recuerda no empujar muy duro estas buscando sentir que el musculo se bloquee

- El Evaluador le dice al paciente cuando mantenerse, mantenerse duro o resistirse.

- Chequeé los puntos de Polaridad Deben estar débiles

Practica #1:

Pídele al paciente que diga "Mi Nombre es…." Y en el momento que dicen su nombre realizar la evaluación muscular. El resultado debe ser fuerte. Luego pídale al paciente que diga "Mi Nombre es…." Y en el momento que dicen otro nombre que no es el de él, realizar la evaluación muscular. El resultado debe ser débil.

Practica #2:

El evaluador le indica al paciente que piense en algo que realmente ame o disfrute y realiza la evaluación muscular. El resultado debe ser fuerte
Nota: Si el paciente no se mantiene fuerte en este punto, entonces algo se paso por alto en la preparación o hay algún problema con lo que está pensando o visualizando el paciente o alguno de ustedes esta desconectado.
Tenga al paciente pensando en algo que realmente no les guste o que lo perturbe y realice la prueba, esta debe ser débil.

Practica #3:

Puede incluir visualización o simplemente declarando la palabra Jesús, Buda, Krishna, etc. o de algún maestro que le tenga gran aprecio. Todos estos deberían resultar fuertes.

La evaluación débil puede resultar de tener al paciente visualizando alguien que a ellos fuertemente les disgusta o diciendo cualquiera de las palabras Hitler, Stalin o un gánster.

Evalúa la mayor cantidad de personas posibles, para acostumbrarse a como se evalúan diferente tipos de personas.

Aplicación Clínica: Comidas y Bebidas:

1. Coloca la sustancia en el centro del pecho y evaluación.
2. Hacer que el paciente huela la sustancia y evaluación.
3. Colocar la sustancia en la boca y evaluar.
- Experimentar.
- Mantener las cosas en la boca te da un resultado más preciso.

- Si estas manteniendo la sustancia en la boca, no tragues la comida escúpala. Asegúrese de enjuagarse la boca con agua antes de probar otra comida.
- Evaluar azúcar refinada, dulces (en el cuerpo, oliéndola y manteniéndola en la boca) ver si esto hace alguna diferencia.
- Para cualquier otra comida en lata, en caja, congelada o fresca también realizar las 3 evaluaciones.
- También se puede evaluar comida refinada, artificial, procesada, TV dinners, helados de supermercado.
- Agua a temperatura ambiente vs Agua Fría.
- Con bebidas alcohólicas realizar las 3 evaluaciones.
- Algunas cosas no son buenas para el organismo, no están hechas para crear balance (harinas, azúcar refinada, aspartame, MSG).
- Las técnicas de cómo arreglar, limpiar o balancear estas intolerancias, alergias o sensibilidades están por encima del alcance de este proyecto.
- Se pueden tener resultados fuertes en ciertas comidas en forma individual pero cuando se evalúan en combinación con otros alimentos el resultado puede ser débil.
  Por ejemplo queso y trigo vs un sándwich de queso.
  Este pendiente de evaluar las comidas individualmente y en conjunto.

Recuerde que la intensión de la evaluación es permanecer neutral y enfocado en las cosas que se están evaluando.

Suplementos Nutricionales, vitaminas y hierbas.

- Siempre debes hacer lo mejor que puedas para evaluar las cosas antes de tomarlas.
- Hay muy buenos productos en el mercado, pero posiblemente tu cuerpo no los necesita, no les gusta o no los necesita.

1. En el cuerpo: Hacer lo mismo que con la comida, empieza por colocar el suplemento, la vitamina o la hierba en el cuerpo y

evalúa. Esto es algo fácil de hacer en la tienda.

2. Oler: Muchas personas tienen un gabinete o closet lleno de suplementos que lo han comprado pero nunca lo han terminado. Después que has realizado la prueba en el cuerpo, abre el producto, huélelo y evalúa.

3. En la Boca: Esta es la mejor forma de evaluar cualquier cosa. Los quimiorreceptores en la lengua tienen una dirección directa con el cerebro. Recuerda no tragarlo y escupir.

En cursos más avanzados te ensenaremos como evaluar dosis y combinación de suplementos, (algunas combinaciones pueden generar resultados débiles).

Y siempre recuerda chequear por desconexiones. Libros y revistas:

1. Colócalo en el cuerpo y analiza

2. Ve el libro o la publicación y evalúa

3. Evalúa solamente el Título del Libro

4. Evalúa pasajes leyéndolos en silencio

5. Evalúa pasajes leyéndolos en voz alta

6. Evalúa leyendo diferentes pasajes del libro (Puedes obtener resultados fuertes en algunos pasajes pero débil por el libro en general y esta es la razón por la cual quieres realizar las evaluaciones).

Recuerde que la intensión de la evaluación es permanecer neutral y enfocado en las cosas que se están evaluando CD, cintas y músicas.

1. Coloca el CD/cinta/álbum en el cuerpo y evalúa

2. Oye la música y evalúa

3. Experimenta con la evaluación mientras oyes con diferentes métodos: El estéreo, la computadora, IPod etc. Estamos buscando por cosas que te puedan debilitar en tu ambiente.

4. Experimenta con diferentes géneros y décadas de música. Puedes pensar que te gusta cierto tipo de música como clásica sin embargo te puede afectar en forma mas positiva que la música que te gusta.

5. En lo que hayas experimentado con diferentes géneros y métodos para oír la música y encuentres algunas cosas con las que estés bien o neutral, trata de evaluar diferentes niveles de volumen y veraz rápidamente que es bueno para ti y que no.

Por ejemplo: Se tiene un cliente (JJ) que no está feliz con su vida y desesperadamente quiere un cambio y ella nos contrata para una consulta de feng shui. Durante la consulta le sugerimos que también evalúe la música y la ropa para determinar si la estaba afectando en forma negativa.

Ella prefería la música de Heavy metal, ella era también una deportista activa y bastante fuerte, colocamos los CD en su cuerpo para evaluar, sin saber el tipo de música y todos los de heavy metal la debilitaban. Por supuesto ella no estaba feliz de dejar de oír sus CD pero cuando ella observo que no podía mantener su brazo hacia arriba en contra de la música en su pecho, se dio cuenta que valía la pena intentarlo. La vimos varias semanas más tarde y ella se dio cuanta después de estar separada de la música Heavy Metal por un periodo corto de tiempo, ya ella no tolera oírla.

Su cuerpo resulto débil con la ropa que tenía que ver con el estilo de heavy metal, ella acepto dar sus ropas y CD a una amiga que podía disfrutarlo, se le pregunto cómo era la vida de esa amiga y ella titubeando admitió que bastante parecida a la de ella, frustrada, full de drama y sin frutos.

Desde el principio del cambio de imagen del Feng Shui, ella encontró a una pareja maravillosa y su vida empezó a cambiar en forma significativa, encontró un mejor lugar para vivir y recibió dos ofertas de trabajo mejores que las que nunca había recibido.

Recuerde que la intensión de la evaluación es permanecer neutral y enfocado en las cosas que se están evaluando Televisión, Videos y DVD.

- Coloca el video /DVD en el cuerpo y evalúa
       (Esto es   bastante divertido realizar en la tienda)
- Ve un programa de televisión y evalúa
- Ve una película y evalúa

- Ve comerciales y evalúa
- Solo piensa acerca de una película, show o comercial y evalúa.

Recuerda siempre chequear por desconexiones

Ropas, Telas y accesorios:
1. Colócatelas y evalúa.

2. Evalúa Fibras Naturales: Algodón, seda, lana, ropa de cama, rayón (pura celulosa: hecha de pulpa de madera), las fibras naturales usualmente son neutrales y fortalecen.

3. Evalúa las fibras y materiales sintéticos :Polyester, acrílico, nylon, licra, expandes, acetato (compuesto de celulosa)Los sintéticos usualmente debilitan (evalúa los sostenes, la ropa interior, todas las ropas).

Lavar toda la ropa nueva antes de usarla, para limpiar los químicos, pesticidas y colorantes.

Caso de Estudio: Una amiga llamo para comunicarme de un incidente que le paso con una nueva franela que acababa de comprar y cuan enferma la hacía sentir. Se la coloco sin lavarla, en lo que el día fue pasando se dio cuenta que no se sentía bien, mas tarde en el día se sintió tan mal que se quedo dormida con la franela puesta y cuando se despertó se sentía peor de lo que se sentía la noche anterior. Le pregunto a un amigo que la evaluara y se dio cuenta que el causante de su malestar era la franela que estaba hecha en china. Inmediatamente se la quito, se bañó y lavo la franela y empezó a sentirse mucho mejor. Mucha de la ropa que viene de otros continentes es roseada con pesticidas para mantener los insectos de abrirle hueco a las ropas.

No realices lavados al seco. Trata de no comprar ropa que lo requiera, es mejor lavarla, ya que con el lavado al seco no estás precisamente lavando la ropa, estas agregando mas químicos. En un lavado al seco se utiliza un fluido de limpieza de solvente

de petróleo en lugar de agua, es seco en el sentido que no se moja con agua, todas las ropas son sumergidas, limpiadas y secadas en una maquinaria grande, La industria usa un solvente llamado Perchloroethylene y es casi universal.

Las ropas son lavadas en este solvente y luego este es recuperado en un extractor para ser reusado y que no se evapore y contamine el ambiente.

4. Evalúe los lentes de corrección y de Sol

Si es débil, puede ser por los lentes o el material del marco

Evalúe después de utilizar los lentes polarizados por 30 minutos

5. Evalúe Sombreros y gorras

Los materiales sintéticos usualmente debilitan

6. Evalúa Pelucas y ganchos de pelos

Los materiales sintéticos usualmente debilitan

7. Evalúa la ropa de cama

Envolverse con sabanas y cobijas para realizar la evaluación

8. Evalúa panales naturales y los desechables

Panales desechables: Sostén un panal sin usar cerca de la cara con la parte del plástico hacia a fuera y huélelo. El plástico que se encuentra en estos panales generalmente debilita.

9. Evalúa los relojes de muñeca:
Los relojes de cristales de cuarzo o los de pulso electrónico, generalmente debilitan.

10. Evalúa las prendas

Puede ser por el material que están hechos, alguna piedra o metal en particular, quien te lo dio o quien lo hizo, Todo es energía y esta puede tomar la energía como toma el polvo.
Si tus resultados son débiles ante el uso de cualquiera de estas ropas, telas y accesorios, posiblemente lo único que necesitan es ser lavadas, especialmente si son hechas de fibras o materiales naturales.

Opciones para Limpiar Joyas:

1. Lavarlas en agua salada (ayuda a disminuir cualquier carga eléctrica)
2. Colocarlas afuera bajo el sol y el aire fresco
3. Enterrarla bajo tierra por un rato (La energía de la tierra ayuda a disipar las energías negativas)

Si limpias algún objeto y aun da un resultado negativo y tu realmente deseas mantener ese objeto (aunque posiblemente no seas capaz) le sugerimos que contacte a alguien que trabaje con la energía para así balancearte si es posible.

Evaluando para zapatos y Ortopédicos:

Posición para la evaluación:

1. Parado y con ambas manos juntas
2. Extender ambos brazos en frente y hacia afuera con los codos derechos
3. El evaluador presiona hacia abajo en las manos juntas

El paciente se coloca los zapatos que desea evaluar. Enfocar la atención en los zapatos. Un resultado debilitador indica que los zapatos que estas analizando no son buenos (si son nuevos) o son muy viejos (si son usados).
Un resultado debilitador con los pies descalzos indica que necesita ortopédico.
Si la persona ya posee ortopédicos, debe tenerlos puestos para el test y se debe enfocar en ellos. Un resultado debilitador indica

que los ortopédicos no son los correctos y que podría necesitar zapatos nuevos.

La mayoría de los zapatos de tacón alto van a resultar debilitadores ya que rompe la posición natural y el patrón de marcha, los tacones que estén hechos apropiadamente transfieren el peso a los talones en vez del balón de los pies. Hasta los zapatos de tacón alto de buena calidad te pueden debilitar.

Campos de energía electromagnéticas:

Evalúa:

- Luces fluorescentes (tubos y fluorescentes compactos)
- Luces Incandescentes (Regula) bombillos
- Bombillos de halógenos realízalo con tus ojos cerrados si es muy brillante
- Microondas Colócate cerca de él mientras está en funcionamiento.
- Radio o estéreo Enciéndelo, coloca el volumen bajo en el nivel que no se oye nada y siéntate o colócate cerca de él para realizar la evaluación
- Tv: Enciéndelo, coloca el volumen en mudo y siéntate o colócate cerca de él para realizar la evaluación
- Computadora o monitor de computadora Enciéndela y siéntate o colócate cerca de él para realizar la evaluación Si el resultado es débil, chequea que tanto te tienes que alejar hasta que resulte fuerte o neutral.

Han habido muchos pacientes que han tenido que mover su computadora más lejos de sus cuerpos en su lugar de trabajo o utilizar EMF protectores o bloqueadores para las pantallas.

Otras substancias:

- Quemadores de gas: Enciende las hornillas y colóquese cerca para evaluar. El humo es debilitador.

- Calentadores de Aceite: Colócate cerca de los conductos y respira el aire que sale de ellos y evalúa. El humo puede debilitarte.

- Aislantes que se colocan en el Hogar: Acércate o enróllalos alrededor de tu cuerpo a distancia, sin que haga contacto con tu cuerpo y evalúa.

- Gases del Tubo de escape de los autos: Colócate detrás de un vehículo que este encendido y realiza la evaluación. (No es bueno caminar o trotar por una calle con mucho transito)

Pensamientos y sentimientos en general:

- Ya lo practicamos anteriormente, pero queremos recordarte que lo practique en un contexto diferente.

- Piensa en algo positivo, placentero o feliz y evalúa.

- Piensa en algo estresante, que te enoje o sea negativo y evalúa.

- Recuerda chequear por desconexiones y en especial si estas pensando en cosas que te trastornan.

- Cuando la mente y las emociones están unidas en algo negativo, esto estécnicamente llamado "Recuerdos dolorosos". La corteza del cerebro está en un proceso de pensamiento, el área límbica del cerebro está en un proceso de sentir y la parte reptil del cerebro está conectada al sistema nervioso autónomo.

- Cuando hay estrés involucrado con estos pensamientos y emociones, el sistema de acupuntura también se une, lo cual interrumpe la energía que fluye en los meridianos de acupuntura.

- Ahora tienes las tres diferentes aéreas del cerebro activada y agitada, lo cual desincroniza los dos hemisferios del cerebro: lo cual produce la desconexión.

- La combinación de la reacción negativa de la neuroquímica del cerebro que toma lugar, incrementa el estrés psicológico que toma lugar en el cuerpo y la ruptura de la energía en los meridianos de acupuntura es suficiente como para hacer que muchas personas cambien dentro del modo de "Pelear o Huir" y desconectarse.

SI posees un problema crónico a este respecto, por favor ve a un especialista, cada persona tiene un problema con algo, para una lista de terapias recomendadas ir   a:

www.alasreiki.com ó **www.jbehrens.com**

Pensamientos y sentimientos más específicos:

Para Evaluar:

- Piensa en tu trabajo
- Piensa en dinero que necesites
- Piensa en tu hogar o casa
- Piensa en cualquier desorden que esta alrededor de tu casa u oficina

Ideas:

Para Evaluar:

- Piensa en tus ideas, planes de negocio y estrategias

- Si algo da como un resultado débil: Divide la idea entre pasos o partes y evalúa cada uno de ellos para determinar cual aspecto es el que resulta ser debilitante

- Trabaja en obtener nuevas ideas para cambiar esos aspectos que resultan debilitadores y reevalúa las ideas nuevas.

Ideas, planes y estrategias de Negocio:

Para Evaluar:
• Piensa en tu negocio

• Si el resultado es débil: o deseas afinarlo, divide tu negocio en partes y evalúa cada una de ellas, ejemplo Mercadeo, Facturación, ventas, personal etc. Recuerda siempre que con cada área problema dividirlo en partes más pequeñas para determinar cual es la que está resultando negativa.

• Podrías estar seleccionando planes y estrategias que están actualmente debilitándote

• Averigua que aspectos de tu propuesta te están debilitando

• Evalúa para conseguir un mejor curso de acción que sea más congruente contigo mismo

• Como esta tu material de mercadeo en resonancia con tu mercado

• Tu quieres que tu mensaje esté relacionado con la energía de tus clientes

SI deseas ayuda de cómo evaluar tu negocio, tu plan de negocio, mercadeo, material publicitario, ir a:

www.alasreiki.com o escribe a alasreiki@gmail.com

Casa /Muebles:

Para Evaluar:

• Muebles: (sillas, muebles, camas, mesas, escritorios, etc.) obsérvalos, siéntate en ellos, acuéstate
La ciencia ergonómica está basada con el diseño de los muebles y el lugar de trabajo para que estos sean más eficientes y

efectivos para las personas en específico que lo usan. Evalúa tus muebles con el ajuste adecuado en mente.

- Desorden: Chequea a ver cómo te debilita el verlo alrededor de tu ambiente

El desorden es una gran fuga de energía.

Pinturas y Obras de Arte

No es necesariamente el tema, es al energía de la pintura o la imagen que estas evaluando la que te está debilitando o fortaleciendo (la explicación de cómo esto trabaja está cubierta en el curso avanzado)

Evalúa:
- Fotos
- Pinturas
- Símbolos
- Estatuas, objetos decorativos.

Ejemplos referidos del libro Your body does not lie

Artículos de Aseo:

Evalúa:

- Jabón
- Pasta de diente
- Desodorante
- Colonia, perfume
- Crema de afeitar, crema para después de afeitar
- Cosméticos, cremas, lociones, removedor de esmalte de uñas
- Productos para el cabello: Shampoo, acondicionador, gel, laca, colorante de cabello, etc.

Químicos:

Evalúa:

- Limpiadores de la casa: sostenlo en el cuerpo o huélelos suavemente.

- Limpiadores de piso, de vidrio, desgrasadores, limpiadores de pocetas, limpiadores de polvo, refrescantes de alfombra.

- Refrescadores de aire.

- Gasolina, aceite combustible, diesel

- Químicos y solventes

- Detergentes para lavar la ropa, suavizantes

Alcohol y cigarros

Evalúa:

- Cerveza, vino y licor, como con la comida, de igual manera puedes evaluarlo colocando la sustancia en el pecho, pero el resultado va a ser más exacto con la sustancia en la boca.

Ejemplo: Salud y recuperación de haber estado enfermo. Hay muchas cosas que puedes tolera cuando estas saludable y que no puedes tolerar cuando estás enfermo o en proceso de recuperación, por lo cual tienes que evaluar.

No es buena idea continuar consumiendo cosas que te debilitan y en especial si estás enfermo o en proceso de recuperación, ya que puede alargar la enfermedad o el proceso de recuperación.

- Cigarrillos, humo del cigarro, tabacos, pipas, humo de pipa, tabaco de mascar.

Recuerda siempre chequear por desconexión!! Si estas deseando cosas que no son buenas para ti y el resultado de la evaluación es cuestionable, posiblemente este desconectado.

Las personas a tú alrededor:

• Piensa en las personas con las que trabajas, amigos, familiares, vecinos y evalúalas en lo que te las imaginas en tu mente.

• Si estas teniendo problemas o frustraciones con alguien, piensa en el problema o la situación y evalúa.

Posiblemente deberías reconsiderar el tiempo que pasas con la gente que te debilita.

Cambiar su perspectiva puede cambiar su energía.

• Piensa en la persona y la situación que te debilita, ahora imagina la persona y la situación, dándose cuenta de que están haciendo lo mejor que puede, siendo quienes son con las circunstancias de su vida y reevalúa.

• Dejar ir Nuestras proyecciones: Una de las mejores formas de empezar a dejar ir frustraciones acerca de alguien o de alguna situación es hacer una lista de todas las cosas relacionadas con esa persona o relación que te molestan. Por ejemplo, el no me oye, el es un sabelotodo, etc. o ellos no saben como manejar dinero.

• La vuelta alrededor: Ahora cambia tus quejas y colócate tu mismo dentro de esas mismas quejas. Esta dispuesto a ver donde no hayas oído, no hayas sido egoísta, un sabelotodo para ti mismo o para otros, ve a donde tú no hayas manejado bien el dinero.

Toma deseo para descubrir cual es la realidad del problema y la disposición de verte a ti mismo y realizar tu parte o causa en el asunto. Lo que no nos gusta de otras personas es frecuentemente lo que no nos gusta en algún aspecto de nosotros mismos. Después de haber tomado el tiempo y con honestidad mirar a estas personas que no te gustan y a tus proyecciones ve si puedes crear un poquito de compasión por la otra persona. Nosotros somos todos culpables de no ser perfecto. Ahora si puedes sentirte mejor o entender mejor a esa persona o situación realiza la evaluación nuevamente.

Es frecuentemente nuestros pensamientos acerca de algo o de alguna persona que nos debilitan. (Esto es del trabajo de Byron Katie "Loving what is") ve a la pag web thework.com para bajar una excelente hoja de cálculo que puedes usar para ganar más claridad y entendimiento acerca de la persona o situación que está realmente molestándote o simplemente visita en www. alasreiki.com para darte otros tips, libros y cursos que van ayudar a tu desarrollo personal.

Hacer

Preguntarle al paciente si tiene algún
problema en el cuello o en el hombro

Hacer que mantengan una buena postura
(Pecho hacia arriba y los hombros hacia atrás y hacia abajo)

Mantener los brazos paralelos al suelo

Mantener los codos rectos

Presionar al final de la frente

Usar 1 o 2 dedos para presionar

Utilice una presión firme y continua

Esperar por una fracción de segundo –
brevemente. Coordinar el tiempo para que el paciente y
el evaluador inicien la evaluación en un mismo momento
y luego poco a poco aumenten la presión por 3 segundos.
Estas midiendo la habilidad del musculo de bloquearse.

Presione ligeramente

Mantenga la palma de la mano hacia el piso o
el pulgar hacia arriba si el paciente ha tenido algún problema
previo en el hombro

Presione hacia abajo en dirección al piso

Pare si causa alguna incomodidad

Cambie de brazos cuando el brazo este cansado
(indíquele al paciente que tiene que comunicar cuando se
le empiece a cansar el brazo, usted también puede notarlo
cuando ellos presionan y suben el hombro para compensar
la fatiga muscular, si esto pasa la evaluación pierde precisión)

Cambie de posición (esto usa diferentes músculos)

Manténgalo impersonal, con una mente abierta y curiosa,
se el detective no te apegues a un resultado especifico

Realiza la evaluación en un ambiente tranquilo

Evalúa constantemente la presencia de
desconexiones o polaridades (por ambas partes)

Comunicarle al paciente que sostenga o
resista antes de empezar a evaluar o empujar

Empiece evaluando algo simple> Se juguetón y
curioso con esto. Tienes que estar bien con la realidad
de que no puedes ser un 100% preciso y que al
principio tu precisión puede ser un poco mejor que el azar.

No Hacer

Usar alguna extremidad lesionada

Dejar que las extremidades caigan

Permitir que el paciente eleve el brazo demasiado alto

Permitir que los codos se doblen

Presionar en manos y muñecas

Utilizar toda la mano para empujar

Rebotar

Presionar Rápidamente

Tratar de dominarlos

Girar el pulgar hacia abajo

Empujar hacia el cuerpo o tirar hacia afuera del cuerpo

Continuar si hay alguna incomodidad

Continuar utilizando el mismo brazo (esto puede causar distensión en el cuello o en el hombro y también puede causar pinzamiento del hombro, ya que el manguito del musculo rotativo del hombro se fatiga fácilmente y no puede seguir manteniendo el humero encajado apropiadamente.

Mantener la misma posición (ya que el musculo se fatiga)

Hacerlo personal, tener un propósito o estar apegado a los resultados

Realizar la evaluación en un lugar ruidoso

Solamente realizar una evaluación para la presencia de desconexión o polaridad

Empujar sin advertirle al paciente con tiempo para que ellos puedan realizar la resistencia adecuada

Empezar por evaluar algo complejo o serio

Imágenes Ilustrativas de Técnicas.

Imagen 1

Imagen 2

Imagen 3

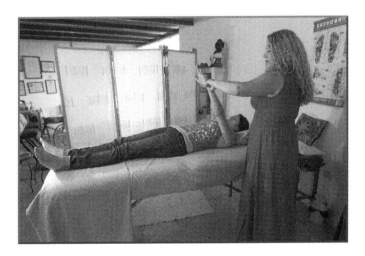

Imagen 4

Imagen 4a

Imagen 5

Imagen 6

Imagen 7

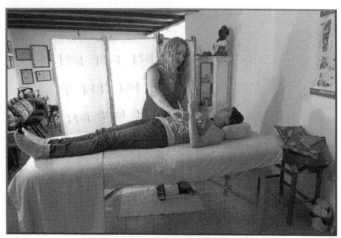

Imagen 8

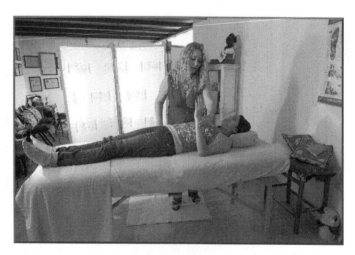

Imagen 9

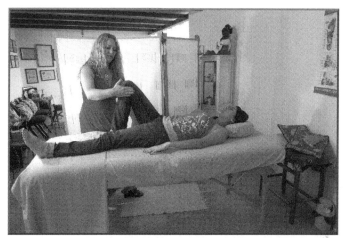

Imagen 10

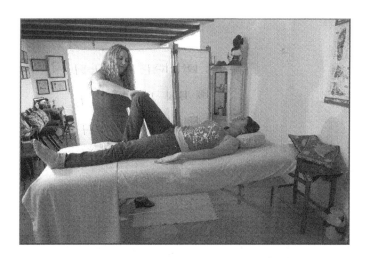

Imagen 11

Imagen 12

Imagen 13

Imagen 14

Imagen 15

Imagen 15a

Imagen 15b

Imagen 16

Imagen 17

Imagen 18

Imagen 19

Imagen 20

Imagen 21

Imagen 21a

Imagen 21b

Imagen 21c

Imagen 21d

Imagen 22

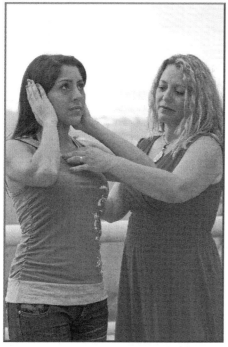

Imagen 23

Imagen 23a

Imagen 24

Imagen 24a

Imagen 25

Imagen 26

Imagen 27

Imagen 28

Imagen 29

Imagen 30

Imagen 31

Imagen 32

ÍNDICE

Acerca Del Autor

La Profesora Johanna Behrens, tiene una vasta trayectoria en el camino de la salud y la energía.

- Es la creadora del Centro de Educación y Terapia Alasreiki. *www.alasreiki.com*
- Es Maestra de Yoga-Bioreiki, acreditada y respaldada por la metodología Kriya Yoga de la escuela Ananda de Palo Alto, California, Kriya Yoga institute de Miami,Florida y registrada maestra de Yoga por la organización internacional Yoga allience, En RYT 500.
- Maestra de Reiki Universal, Sistema Usui: por la Asociación Latinoamericana de sanación Reiki.
- Instructora de Meditación acreditada por American Holistic health Association.
- Asesora y Educadora en Terapias Orientales, Electroacupuntura de Voll y Meridian diagnostic.
- Profesora del Sistema Floral de Bach / Inglaterra–
- Facilitadora del Sistema Swiss Just America – Division de -ACEITES ESENCIALES AROMÁTICOS PUROS- Aromaterapia.
- Terapeuta de los Sistemas: Swiss Just America, HEEL y BHI Biological Homeopathic industries, remedios Homeopaticos, Natures Sunchine, Bach Flower, Flores de Valeriano entre otras.
- Profesora Registrada, acreditada Y licenciada por el Nacional Certification Board for Therapeutic massage and Bodywork , departament of health state of Florida y el American Complementary medicine en los siguientes temas: Terapias Bioenergeticas, Shiatsu, magneto-terapia, Reflexología y educación continua para terapistas, enfermeras y masajistas profesionales.
- Licencia de la Florida departamento de salud No. MA-42464.

- Educadora y terapista Certificada por el American Board of Hypnotherapy y Licenciada por el National Guild of Hipnotists.
- Yoga teacher/ Lider en Yoga de la Risa.
- Educadora en Cirugía internacional por Neuronavegacion Navimetric Cranial, columna y ORL.

La Profesora Johanna Behrens se dedica a la difusión de las técnica de bioenergética a nivel internacional ofreciendo conferencias, Cursos, seminarios en diferentes países de habla Hispana, es importante mencionar la educación que imparte a especialistas en Medicina Tradicional (Obstetras, Neurólogos, Traumatólogos, Cirujanos, etc.) con la implementación de técnicas Bioenergética y diagnostico por Electro acupuntura.

Proporciona a Compañías y personas individuales técnicas motivacionales para la superación personal además anti-stress por medio de la terapia del Yoga de la Risa o Risodinámica.

Actualmente apoya a diferentes Organizaciones sin fines de Lucro entre ellas: ROBIN HOOD Fundación Médica, Fundación Esperanza y Sonrisa de Enfermos Especiales del Páramo (Venezuela) y colabora con diferentes instituciones médicas de Miami, Ministro de Salud de Universal Life Church, Centros especializados para ancianos.

Es Presidente y Fundadora de la Asociación Latinoamericana de Sanación Reiki, Fundadora Y creadora de la primera técnica de YOGA aplicada al Reiki, YOGA-BIOREIKI™. Miembro de la Allience de Yoga (RYT 500) Yoga Alience Teacher, Creadora de la Revista Hispana para niños Muchachitos.com.

Made in the USA
Las Vegas, NV
21 April 2022

47816621R00042